Franck Itouad Dublin

OUBLI Ton passé

Franck Itouad Dublin

OUBLI Ton passé

Éditions Croix du Salut

Imprint
Any brand names and product names mentioned in this book are subject to trademark, brand or patent protection and are trademarks or registered trademarks of their respective holders. The use of brand names, product names, common names, trade names, product descriptions etc. even without a particular marking in this work is in no way to be construed to mean that such names may be regarded as unrestricted in respect of trademark and brand protection legislation and could thus be used by anyone.

Cover image: www.ingimage.com

Publisher:
Éditions Croix du Salut
is a trademark of
International Book Market Service Ltd., member of OmniScriptum Publishing Group
17 Meldrum Street, Beau Bassin 71504, Mauritius

Printed at: see last page
ISBN: 978-613-7-36507-6

OUBLI TON PASSÉ

PREMIER CHAPITRE   ÊTRE CLOUÉE

Cher bien-aimés le passé ne te permet pas d'avancer librement avec le christ jésus , car les écritures déclarent ainsi [Si quelqu'un est en christ , il est une nouvelle créature , les choses anciennes sont passées ; voici , toutes choses sont devenues nouvelles = 2 Corinthiens 5 verset 17] tout ça , c'est ta vie passé que le seigneur jésus christ a oublier . Il a condamné ton passé dans sa chair sur la croix du calvaire , et il t'a donné une nouvelle vie de tranquillité autrefois quasiment impossible , en lui une nature qui na rien n'avoir avec ton passé . Ta vie ancienne est irrécupérable , mort avec christ , et l'éternel dit encore ceci { Ne pensez plus aux événements passés , et ne considérez plus ce qui est ancien } alors pourquoi l'éternel Dieu dit ça , c'est parce qu'il veut changer et faire des nouvelles choses dans ta vie , depuis le jour où tu as accepté le seigneur jésus christ comme sauveur et seigneur dans ta vie , c'est le jour même que Dieu avait décidé de faire quelques choses nouvelles ! voici , je veux faire une chose nouvelle , sur le point d'arriver ; ne la connaîtrez vous pas == Esaïe 43 verset 18-19 == Apocalypse 21 verset 5 . Car ces paroles sont certaines et véritables . Dieu nous demande d'être attentif dans le livre de Deutéronome au chapitre 4 du verset 9 [seulement , prends garde à toi et veille attentivement sur ton Âme , tous les jours de ta vie , de peur que tu n'oublies les choses que tes yeux ont vues , et qu'elles se sortent de ton coeur ; enseignes-les à tes enfants et aux enfants de tes enfants] Alors l'ennemi va tout faire pour que tu oublies les merveilles de l'Eternel et les choses que tu as vues dans sa présence , voilà tout ce qu'il sait faire , mais Dieu te demande de garder les biens qu'il a fait dans ta vie , afin que ton passé ne trouve plus les moyens possible de surgir dans ta mémoire , la vraie liberté de l'esprit et la tranquillité de ton Âme et la paix en soi-même . Il veille sur toi , afin de n'est pas oublié son alliance que notre Dieu a traitée avec toi , et tu ne fait pas les images taillées pour le représenter , que l'éternel , ton Dieu t'a défendu . Car l'éternel ton Dieu , est un Dieu jaloux et de miséricorde qu'il t'abandonnera jamais et ne te détruira point ; il n'oubliera pas l'alliance qu'il avait fait avec tes pères , qu'il a juré . Aujourd'hui si tu es heureux n'oublie pas que c'est l'éternel qui t'accorder et il a prit tous les mesures et a garanti tout ça par le sang de l'agneau , alors gare à toi d'oublier ton Dieu au point de n'est pas observé ses commandements ses ordonnances et ses lois , qu'il t'a prescrit aujourd'hui prend garde que ton coeur ne gonfle pas d'orgueil et que tu n'oublies pas l'éternel qui t'a fait sortir de la prison de ton passé , maintenant regarde que lui pour le reste de ta vie pendant que tu es vivant , souviens-toi et n'oubli pas les bienfaits de ton Dieu , tous ceux qui oublie Dieu , la majorité tombe dans l'aveuglement et paie les conséquences de leur oubli , tu ne peux pas oublier le seigneur Dieu qui t'a fait sortir dans un coquille du passé , et qui a entendu des cris qui montait vers ses oreilles ! et ses yeux te voyait comment tu tremblais quasiment tout les jours devant l'oppresseur qui est ton propre passé , parce qu'il te cherchent à te détruire , alors maintenant depuis que le seigneur est présent dans ta vie l'oppresseur à relâchés la prise sur toi , le christ lui imposer le silence = Psaumes 8 verset 3 == Asaph à tout compris malgré sa souffrance persistait , il dit { Ce qui fait ma souffrance , c'est que la droite du très-haut n'est plus le même ...Moi , je rappellerai que les oeuvres de l'éternel ,car je me souviens de tes merveilles d'autrefois , par ton grand bras tu m'a délivré à la gueule du lion , tu as tracé un nouveau chemin dans le désert pour moi , car mes ennemis sont perdu en plein désert , mais moi je marche tranquillement et avec assurance surtout dans ma solitude , tu viens pour m'épauler , afin que mes pieds se fatigue pas et tu renouvelle ma force comme un jeune aigles pour son volé plus loin possible , et les filets de l'oiseleur n'arrive pas à me capture et tes bontés sont tout les jours devant moi } ce que nous devons savoir , c'est que le passé est un facteur du freinage ou même de blocage , nous ne devons plus regardé nos passés peu importe bien ou mal , car christ à bien dit { voici toutes choses sont devenues nouvelles } l'un des apôtres à expérimenter cela dans sa propre vie , c'est l'apôtre paul . Un jour l'apôtre paul s'est mis devant les saints à corinthe ; il dit quelque chose de très profond et significatif ; Écouté ce qu'il va dire ce jour-là {Faites nous une place dans vos coeurs } Nous n'avons fait tort à personne , nous n'avons ruiné personne et nous n'avons exploité personne . L'éternel lui-même ne souvient plus de nos fautes = Psaumes 79 verset 8-9 = Psaumes 25 verset 6-7 ; j'ai vraiment aimé ce que le roi David avait dit un jour { C'est à cause de ton nom , Ô Eternel ! Que tu pardonneras mon iniquité , car elle est grande . Quel est l'homme qui craint l'Eternel ? L'éternel lui montre la voie qu'il doit choisir , Son Âme reposera dans le bonheur , et sa postérité possédera le pays . L'amitié de l'éternel est pour ceux qui le craignent , et son alliance leur donne instruction . Je tourne constamment les yeux vers l'éternel , car il fera sortir mes pieds du filet ; au verset 18 Est claire ''' Vois ma misère et ma peine , et pardonne tous mes péchés . } Voilà comment David faisait réjouir le coeur de l'éternel , il savait qu'auprès de l'éternel Dieu , il obtient toujours le pardon malgré tout , alors il avait exposé son coeur tout entier et serein ; voilà ce que l'éternel Dieu attend de nous , c'est de lui faire confiance et lui avoue tout sans hésité :::: alors Dieu se souvient de ta parole en faveur de ton serviteur , puisque tu m'a pardonné , l'éternel précise bien des choses à travers la bouche du prophète ESAÏE [C'est moi , moi qui efface tes péchés ''crimes " pour l'amour de moi , je ne me souviendrai plus de tes péchés = chapitre 43 verset 25] frères et soeur , si l'éternel arrive de faire cette promesse , c'est ce qu'il va réaliser , parce qu'il ne ment pas ; écouté même le prophète Jérémie qui est assisté par le saint esprit déclare une chose très importante : ainsi parle l'éternel , qui a fait le soleil pour éclairer le jour , qui destinée la lune et les étoiles à éclairer la nuit ; qui soulève la mer et fait mugir ses flots , lui dont le nom est l'Éternel des armées . Si ces lois viennent à cesser devant moi , la race d'israël aussi cessera pour toujours d'être une nation devant moi " Jérémie 31 verset 36 " pourquoi l'éternel prend cet exemple seulement ; c'est pour te dire qu'il y a que lui , qui peut refaire les choses dans ta vie , par exemple d'effacer tes péchés que les hommes même l'astra brillant ne peut pas le faire et transformé ton coeur , autrement dit la repentance , comme il est écrit { Il change le coeur de la pierre , au coeur de la chair } y a que lui qui peut le faire même ton adversaire , c'est-à-dire la diable n'a pas cette capacité ni le pouvoir , voilà la raison qu'il te pousse à commettre des erreurs qu'il ne peut pas réparer , et cela amène un désarroi entre toi et l'éternel le père des esprits . Alors il est très avantageux pour nous de regarder que le présent pour atteindre le futur ; si tu regarde que ton passé , là tu ressemblera à une personne qui marche sur place et son regard est fixé sur un miroir , et le miroir refléter ton passé devant toi . il faut être prudent comme un serpent , car la peur est aussi un moyen si efficace pour l'ennemi , or les écritures déclarer ainsi { Et je ne me souviendrai plus de leurs péchés ni de leurs iniquités , Or , là où il y a pardon des péchés , il n'y a plus d'offrande pour le péché = Hébreux 10 verset 18 } L'éternel est notre père spirituel , il tient sa parole comme une femme qui tient à ses enfants , parce qu'elle se souvient toujours de ses douleurs d'accouchement ; lisant bien dans le livre du prophète Esaïe 38 verset 17 [Voici , mes souffrances mêmes sont devenues mon salut ; Tu as pris plaisir à retirer mon Âme de la fosse de néant , car tu as jeté derrière toi tous mes péchés] Si Dieu qui efface tous mon péchés et qui ne se souvient plus du tout , ce que tu as fait comme mal dans ton passé , alors pourquoi tu t'es souvient encore de ça " ton passé " Dieu dans son amour infini à d'abord = 1 Effacé tout ce que tu as fait = 2 Et il a pris tout ça sur lui = 3 Il a jeté tout ça derrière son dos . Je te demande de faire comme Dieu , quelque soit ton passé , tu ne pourras pas continues à marcher tranquillement et en paix , tu ton ferme toi-même , et tu ne pourras bien construire ton avenir , il faut l'oublier comme l'éternel l'a fait , et il t'ordonne de faire aussi pareil , aujourd'hui vous allez constate que les agents de satan qui vit ensemble avec nous dans ce monde même au sein de l'église , ils font cherchent à nous pourrir la vie et même bloqué l'avancement où nous cloués avis . Et entraîne la dedans les autres qui veulent vraiment vivre le bonheur en christ jésus , tu ne pourras plus sortir de tes propres forces , et ton passé sera comme une pluie et le secret caché au dedans de toi hurle sur ta conscience , et la culpabilité hurle beaucoup dans ta vie présente . Voilà comment l'ennemi travaille pour te maintenir en prison spirituelle tout ton sachant qu'il lui reste un peux du temps , et il veut juste te voler ton assurance du salut et la confiance en christ , il mettra ton passé dans la mémoire des gens pour que tu sois sous l'ombre de la culpabilité , il faut que tu arrive à passer par-dessus ça , car l'astra brillant te fait croire que Dieu a rejeté ta confession , voilà comment il travaille pour emprisonner les gens . Alors il est écrit { Si mon peuple sur qui est invoqué mon nom s'humilie , prie et cherche ma face , s'il revient de ses mauvaises voies , moi , je l'écouterai des cieux , je lui pardonnerai ses péchés et je guérirai son pays = 2 Chroniques 7 verset 14 = } il est nécessaire que tu sache , que l'éternel répond toujours à ceux qui sont sincère dans leur décision et lui fait confiance entièrement de se détourner de leur vie passé et abandonner tout derrière eux . Si le présent devient très difficile , ce qu'il y a une raison , et cette raison c'est la faiblesse du coeur qui s'ouvre encore la porte au passé " Ézéchiel 16 vers 30 '" C'est une vérité absolue quand Dieu s'écarte de toi , et tu te laisse glisser plus loin que tout autre , n'étant plus sous la garde de celui qui te protégé et préservé contre tout mal et qui efface toute trace négatif , alors astra brillant va bien joué avec toi , et même la victoire de ton coeur n'est plus raisonnable , pour retourner ; aux pieds de christ jésus , le diable va bien de séduire au point où tu va rien comprendre , il t'aveugle comme il avait fait avec josué 9 verset 3-9 ? Car il cherche à s'en servir efficacement pour déshonore le Dieu vivant et te détacher irrémédiablement de lui dans tout les mesures du possible , car cela n'est pas l'énigme , il te faire croire ainsi , l'homme ne voit pas le conflits entre Dieu et astra-brillant , depuis qu'il est chassé au ciel . Aujourd'hui c'est l'église ; mais il s'agit toujours de l'opposition contre le fils de Dieu de manière universelle , Tu laisse le présent te séduit parce que tu vois que l'avenir terrestre et non céleste , le présent affaiblir les émotions , sentiments et la volonté (l'Âme) Galates 6 verset 7 ; ne vous y trompez pas , on ne se moque pas de Dieu , ce que l'homme aura semé , il le moissonnera aussi ; celui qui sème pour la chair , moissonnera aussi pour la chair , la corruption , mais celui qui sème pour l'esprit moissonnera la vie éternelle ; aujourd'hui Dieu nous pose qu'une question [est- ce l'éternel que vous en rendrez responsable , peuple insensé et dépourvu de sagesse ! N'est-il pas ton père , ton créateur ! N'est-ce pas lui t'a fait et qui t'a affermi , alors Dieu n'est plus responsable de ta souffrance d'aujourd'hui , c'est toi-même parce que tu regarde trop ton passé malgré la possibilité qu'il t'a donné à travers le christ jésus , car il est la porte de l'avenir de tous ceux qui ont placé leur confiance en lui . Il est le chemin nouveau qui se présente devant toi , et la nouvelle vie qui commence dès que tu l'a reçu ; voici la porte du ciel ; c'est par elle que les juste entre " Psaumes 118 verset 20 " il est impératif de prie pour que Dieu nous ouvre une nouvelle porte , afin que le présent soit brillant , voilà pourquoi le saint esprit nous parle à travers l'apôtre paul [priez sans cesse] car c'est par la prière que tu peux détruit tous les mauvais souvenirs du passés et diriger nos regard vers le seigneur jésus christ , et rond les choses parfaites comme un enfant qui vient de naître , car nous sommes régénérer ; c'est-à-dire = 1 Pierre 1 verset 3 " réveille toi du sommeil de ton passé , afin que tes yeux spirituels soient ouvert pour bien voir ton futur qui s'approche dans toute sa gloire maintenant , il faut résister à toute les propositions de l'ennemi , comme il est écrit [Soumettez-vous donc à Dieu ; et résistez à l'astra-brillant , il finira de fuir loin de vous] il est important de poser ta vie sur le christ , comme les cinq piliers de l'entrée du tabernacle étaient du bois de sittim , et plaques d'or , posés sur des bases d'airain , ils avaient des chapiteaux d'or ; y avait du bois au milieu et le base se poser sur l'argent abattue et l'or fendu qui est l'image du seigneur jésus christ = EXODE 26 verset 26 et verset 32 . Voilà si tu veux pas que ton passé surgit ; alors poser ta vie comme les cinq piliers , sur l'argent abattue et qui est la souffrance de christ au calvaire , car le christ est le fondement solide , et surtout repose sur lui le poids de ton passé , car en lui tout a été créer , les choses d'en haut et celle qui est sur la terre . Les visibles et les invisibles , trônes , dignités , dominations , autorités tout a été créer par lui et pour lui, en lui nous avons la rédemption , la rémission du péché , il est l'image de Dieu invisible , le premier-né de toute la création , c'est le christ . Je t'assure que le seigneur christ jésus tient qu'à sa parole , comme la ceinture tient le pantalon du reins de l'être humain " Aggée 2 verset 5 " il ne retire pas miséricorde temps que l'église est encore ici-bas et sa grâce " Dieu prend toute sa responsabilité à n'est pas trahir ta confiance en lui { Psaumes 89 verset 34-35-36 } N'oublions jamais ça . Ce que nous oublions fait la force de l'ennemi , si nous oublions Dieu , alors nous exposons à l'échec et le mur sera toujours devons nous , et la porte du salut sera fermé , le seigneur Dieu nous en mettre en garde contre oubli , si nous lisons bien dans les écritures notre Dieu insiste bien que nous ne devons pas oublier tout ce qu'il a fait pour nous , les miracles , les prodiges , il prend même les exemples des anciens que leurs coeurs n'étaient pas fermer et dont l'esprit n'est pas fidèle = Psaumes 78 verset 10-11 = il montre bien leur infidélité , c'est d'oublier le miracle qu'ils avaient vus dans le pays d'Egypte et la manière qu'il leur avait nourrir dans le désert , voilà le grand plan de l'adversaire , quand l'homme se trouve dans ce point-là ; qui est l'oubli ça lui arrange , et quand l'oubli s'installe en nous et ce que le seigneur Dieu avait accompli dans nos vies , c'est un signe de n'est plus croire { Au verset 22 du Psaumes 78 } est claire parce qu'ils ne croyaient pas en Dieu . Et ils pensaient qu'à leur vie passé , quand l'homme tombe dans ce trou-là , il cherche toujours Dieu comme les enfants d'israël . Mais ils voulaient le séduire par leur parole et ils lui mentant de langage ; leur coeur n'était pas fermement à lui et ils n'étaient pas fidéle à son alliance , ce qui est bien chez notre Dieu , c'est qu'il ne se souvient plus de nos fautes , comme a dit le psalmiste Asaph , en reconnaît sa faiblesse devant l'éternel , au verset 8-9 du PSaumes 79 ; il sait que Dieu nous pardonnes par son nom , voilà une des raisons que excite Dieu de nous accorde son pardon , comme il dit lui-même asaph de sa propre bouche { C'est à cause de son nom qu'il nous pardonne } Ce qui est vrai notre père céleste n'a pas d'adversaire , mais c'est nous les hommes qui l'appel adversaire de Dieu , car nous savons un adversaire et un ennemi commun comme l'écriture la firme dans la première épître de Pierre au chapitre cinq du verset HUIT [Soyez , sobres , veillez votre adversaire , le diable , rôde comme un lion rugissant , cherchant qui il dévorera] nous venons de découvrir le vrai ennemi et son visage , c'est le diable et les gens qui obéir à lui , malgré leur présence à l'église ou bien parmi nous , ils viennent pour nous flatter avec leur parole rusée pour que nous commettons irréparable , ensuite de cela que Dieu nous livre à lui satan , mais comme père céleste est compatible il nous accorde sa grâce infinie dans sa souveraineté , et il multiplie { Psaumes 40 verset 6 } sa bonté pour nous faire que du bien , voilà pourquoi il nous demande de n'est plus regarder derrière nous , car il a effacé nos transgressions et l'iniquité , parce que tu as été acquitté au jugement divin par le moyen du sang de l'agneau , alors si les gens t'accuse encore aujourd'hui par rapport à ton passé , c'est qu'ils ont encore ignorant de la décision prise par le seigneur Dieu le père sur ta vie . Je t'invite à écouter que le saint esprit dit ,car l'esprit saint est le témoin et rend un témoignage à ton esprit que tu as l'enfant Dieu = Romains 8 verset 16 ; et maintenant , tu es vraiment libre de toute accusation , Alors je t'informe aujourd'hui que Dieu ne revient plus sur un dossier une fois traité et sur quoi nous sommes purifié par lui le christ = 1 JEAN 3 verset 3 = . Donc il n'y a plus de commandamnation à ceux qui en l'espérance en jésus christ . Je t'annonce une bonne nouvelle aujourd'hui , notre père céleste jésus christ à gravé ton nom sur la paume de sa main pour qu'une raison , afin que tu ne vis plus une vie d'esclavage , mais toi-même , tu as mis un mur entre toi et lui , il te dit ... Tes murs sont toujours devant mes yeux et le mur c'est ton passé que tu revois souvent ; c'est comme un homme qui pousse une charrue et qui regarde derrière lui ; alors retourne ton regard vers le seigneur de paix et accroche toi à ses promesses , et il t'accordera d'abord la liberté de ton Âme et ta tranquillité de ton Âme ; c'est l'éternel qui t'a fait faveur au jour d'aujourd'hui , il ne s'arrête pas là seulement , il va jusqu'à te rétablir devant tes ennemis { Psaumes 85 verset 5-6 } Tu as couvert tous mes péchés par le sang de jésus christ qui est notre avocat , et qui se tient toujours à la droite de celui qui est accusé , pour le justifier devant ceux qui le condamne . Aujourd'hui pour rentrer dans une nouvelle vie et maintenir la victoire de christ jésus dans vos vies , c'est d'oublier les déceptions du passé peu importe ce que les gens vous sont faits , ou combien la vie était injuste à votre égard et ce que vous avez fait aussi mal , Dieu est capable de vous en sortir de là , nous sommes doté d'une force de caractère plus grand qu'auparavant ; Dieu désir que la fin de notre existence soit béni ? Que ses commandements nous fait que du bien plus que nous ne pouvons imaginer . Malheureusement beaucoup trop des gens cessent de croire en christ jésus quand la culpabilité persiste , et perd la confiance du saint esprit qui on fait produit la restauration .

Bien-aimés la vérité est que nos difficultés et nos épreuves sont véritablement des occasions pour nous d'y aller vers le seigneur

Dieu quel que soit les fleuves et les déserts que nous traversons actuellement , qu'il soit petit ou grand , y a que le seigneur jésus christ qui amené au changement par la puissance de sa parole , même si aujourd'hui ni va , mais tout ça va suivre une transformation . Dieu est à l'oeuvre dans les coulisses , comme dans la vie de Mardochée et Esther : du premier chapitre jusqu'au Dixième chapitre le nom Dieu n'a jamais été prononcé , mais nous voyons bien la main de Dieu invisible à l'oeuvre , Dieu agit en leur faveur .
Nous devons faire une croix sur la vie passé qui est déjà brisé par le seigneur jésus christ , cessez de nous enfermer sur nous mêmes , surtout sur les événements passés . À l'influence des autres et de fois des parents proches même les amis et connaissance , ils cherchent à tout prit que tu pardonnes les gens qui t'ont blessé , abandonnez toute amertume à jésus christ et Dieu promet de te donner un nouveau départ , on n'avance pas avec le passé ? J'aime vraiment ce que le saint esprit a dit dans la bouche du fils de koré { Psaumes 88 verset 13 / Tes prodiges sont-ils connus dans les ténèbres , et ta justice dans la terre de l'oubli / Il pose la question à l'éternel . Y a que Dieu qui peut lui répondre , si tes pieds sont dans les filets de l'oiseleur { Car celui qui te délivre du filet de l'oiseleur , de la peste et de ses ravages } voilà comment la faveur de notre père céleste jésus christ se manifeste auprès de toi . Si tu lui fait confiance et tes yeux soit fixé que sur lui , et lui seul . C'est quand l'ennemi s'attache à toi pour te faire cloué sur un mauvais chemin , l'éternel te promet ceci { Puisqu'il s'attache à toi , je te ferai échapper ; je te protégerai , puisque tu connaissais mon nom et me faire surtout confiance ; alors je serai moi-même avec toi dans ta détresse , je te délivrerai et mes glorifierai au milieu de tes douleurs et de ta peur , de ton passé . Ton avenir est proche et ton passé effacé dans ta mémoire ; l'homme qui place sa confiance à l'éternel est semblable à un morceau du bois dans la présence de Dieu , et il fleurit sans être planté = Nombres 17 verset 1-8 = il est en pleine sève et verdoyant pour annoncer les biens que l'éternel l'a fait dans sa propre vie , il est maintenant justifié de toute condamnation que les hommes imaginée par rapport à ta vie d'hier .
Tu es revêtu maintenant de robe blanche sans tache et de gloire de son père céleste Dieu à travers le sang qui avait coulé à Golgoth = Zacharie 3 verset 1-4 = Ce qui est vrai les gens s'attroupent contre ta vie d'aujourd'hui aux yeux de l'éternel et te condamne pour les erreurs d'hier ; mais Dieu fera tomber sur eux leur ignorance de leur manière de porter le jugement qui est une folie envers Dieu , il les réduira au silence , comme il avait fait avec Pierre sur le jugement

des non-juifs cormeille dans les actes apôtres au chapitres 10 du verset 1-28 . Par leur méchanceté ; Alors ne t'inquiète plus de ce que les hommes peut bien parlent contre toi dans les lieux secrets même en publique , car Dieu tient seulement ce que le jésus christ à dit comme un avocat voilà . Je permets de t'assure que notre Dieu soutient les solitaires , si cela est le cas dans ta vie ; que les amis ou les frères et soeurs en christ vent tous t'abandonne pour une raison qui est liée à ta vie passé , ne t'inquiète pas soit seulement à l'aise et veille sur toi-même pour ne pas tomber dans le raisonnement qui est le piège de l'astra-brillant , afin que tu quitte la présence de l'éternel soudainement , pour que tu devienne sa proie facile , dans cet état il faut s'accrocher à la promesse Dieu à travers sa parole , et surtout ce que le saint esprit te communique dans cette période , car il est notre consolateur et il vient auprès de nous pour nous console seulement et nous convaincre à rester ferme dans la foi en christ jésus le père céleste . Le seigneur jésus christ est le vrai amis qui ne déçoit jamais et ne peut pas trahir son amour infini envers toi .

Tu as savoir une chose que les souvenirs de l'éternel dure de génération en génération , c'est que Dieu se souviendra toujours de toi et dès descendants même si tu ne vis plus , car il tient sa promesse comme l'entraille d'une femme , il aura compassion envers toi .

Car le temps de te faire grâce est arrivée , l'éternel se pencha du haut des cieux pour toi et il veille sur ta vie , alors quelle grâce tu as .

Il a promis , les fils de ses serviteurs auront une demeure et leur descendants s'affirmer devant lui '' l'éternel ne nous traite jamais selon nos péchés et ne nous attribués nos erreurs ,, un seul conseil ; quand l'ennemi arrive pour ta faiblir , il faut que tu te souviens seulement de ses merveilles que l'éternel accomplit dans ta vie , voilà comment tu peux trouver ta force de lui résister en face et il finira de fuir loin de toi , c'est de chercher l'éternel et sa force continuellement , aujourd'hui l'ennemi peut même mes cloués , comme il est écrit dans le livre de Psaumes au chapitre 66 du verset 12 { Tu as fait monter des hommes sur nos têtes ; Nous avons passé par le feu et par l'eau . Mais tu nous en as tirés pour nous donner l'abondance } Mais moi je garderai toujours sa parole au fond de moi ; il m'est permis d'adorer que le seigneur jésus christ qui est notre père céleste , et s'humilie devant mon seigneur et sauveur , et même devant un ange ; afin qu'il m'apprenne ces prescriptions , mieux vaut pour moi la loi de ta bouche que mille objets d'or et d'argent .

Le seigneur jésus christ dit ceci { je voudrais t'aider à revenir en arrière de temps en temps pour relire ce que je t'ai donné , tu dis que cela te fera très mal , peut être , mais cela va t'aider aussi pour voir mon amour et ma patience infinie et voyant cela , tu voudrais faire mieux d'essayer vraiment de vivre et de pratique ce que je ne cesse pas de te dire ; réalisé combien de fois j'étais repêché , quand tu étais tomber dans la boue , que mon amour et patient a permit de te nettoyer et te remettre à pieds . Cela te permettra de voir que quand j'ai mis ma main sur ton Âme , je ne t'abandonnerai plus , je suis constamment avec toi , il faut que tu deviens conscient que je suis toujours avec toi , alors ton passé n'est plus un problème , mais occupe toi seulement d'avance , même si l'ennemi passe par les autres afin de parlaient de ton passé , soit ferme dans la foi , que moi Dieu ne ment jamais , et j'accomplis toujours ma parole , et rien ne pourra me faire changer ce que j'ai décidé d'accomplir et surtout ce qui est sorti de ma propre bouche , ne peut jamais revenir à moi sans produit les effets et satisfaire ma volonté . Alors soit très calme , même si l'ennemi crit , et toi médite seulement ma parole = josué 1 verset 8 = Jacques 1 verset 25 . Veille à ne pas le prendre par coeur seulement , mais de pratiquer , cela ; lorsque je dis { sois en paix '' et sache que je suis Dieu , ne sont pas que les paroles pour te faire plaisir ou de ta porter un réconfort , te sens-tu environné par une paix telle que rien ne te perturbera encore .

Quand tu réaliseras pleinement que ce sont des paroles vivantes , tu comprendras ce que c'est moi qui a créer toutes choses et je domine .

DEUXIÈME PARTIE DISPARAÎT SOUS LE RADARS DE L'ÉTERNEL

Regardons en arrière nous amené direct à la mort et nous fait disparaitre sous le radars de
l'éternel , le radars va te flashé , afin que la bénédiction vienne dans ta vie , car une flash à tire le regard de l'éternel ; Comme un policier qui suit un chauffeur qui est flashé , afin de lui colle une amende , c'est pareil aussi avec Dieu , si les radars de l'éternel vous a flashé , alors il va ordonné à la bénédiction de vous suivrez , c'est pareil quand un policier votre transmettre une amende à un conducteur d'un véhicule flashé , il est maintenant possible de rester dans les radars de l'éternel , c'est de regarder le présent comme Dieu lui-même , de mettre ta foi et ton coeur sur sa parole , voilà comme tu peux être agréable et faire jouir le coeur du seigneur jésus christ notre père céleste , si tu t'appuie sur le roc , afin que ta vie soit vraiment équilibre , permet moi de vous illustrer ceci : aimant { est un corps magnétique à le pouvoir d'attirer l'objet qui possède sa nature } qui est collé avec une clou , les deux éléments partager les mêmes nature , quand nous recevons le christ dans nos vies ; nous devenons même nature que lui { Jusqu'à ce que nous soyons tous parvenu à l'unité de la foi et de la connaissance du fils de Dieu , à l'état d'homme fait , à la mesure de la stature parfaite de christ = EPHÉSIENS 4 verset 13 } nous devenons semblable à lui , le seigneur de gloire qui va revenir pour chercher son église qui est épouse , donc son épouse qui doit garder sa nouvelle nature en christ jésus [2 Pierre 1 verset 4] lesquelles nous assurent de ,sa part les plus grandes et les précieuses promesses , afin que par elles nous devenons participant de la nature divine , en fuyant la corruption qui existe dans ce monde par la convoitise ; voilà la vraie nature de l'éternel , c'est les fruits de l'esprit : les voicis ! la foi '' la vertu '' la science " la tempérance " la patience '' la piété '' l'amour fraternel et la charité '' , voilà pourquoi il nous demande de faire des efforts pour joindre à notre foi les fruits qu'il possède , car si ces choses sont en nous , et y sont avec en abondance elle ne nous laisse dans le désert ni stérile pour la connaissance de notre seigneur Jésus christ . Mais celui en qui ces choses ne sont point , sont aveugle , il ne voit pas loin et il oublie même la purification de ses anciens péchés = Luc 9 verset 62 == Philippiens 3 verset 13 == 2 Pierre 2 verset 20-12 .

L'éternel va mettre la bénédiction à notre disposition passent le temps de notre existence sur la terre avant d'y aller vers lui ""

Deutéronome 28 verset 8 "" * le seul moyen pour vaincre le passé c'est de fixer son regard vers le christ sauveur du jour comme la nuit , et de prier sans cesse : car celui qui tourne son regard vers le christ sincèrement et déterminé , il rayonne de joie et de paix en soi , il y a deux armes pour vaincre le passé : c'est de plongé son regard dans la loi parfaite = Jacques 1 verset 25 = josué 1 verset 8 ? Il est très important de méditer que la parole ; la vraie vertu de la ,c'est le vrai courage qui permet de surmonter , et non de se laisser sombrer dans le passé et de croire que ton futur serait pareil que l'année dernière . Les gens ont toujours peur quand les nuages s'accumulent de l'obscurité sur leur tête ; alors prit de panique bouffe le présent , et la disparition s'installe tranquillement dans ta vie , et ta tête plonge dans l'isolation surtout dans la solitude ; tu crois que tout est fini , je te dit non .

Car celui qui incarne tout pouvoir invisible et visible , il va refaire les choses nouvelle dans ta vie , il n'a pas encore dit son dernier mot . Y a que le seigneur christ jésus qui à ce pouvoir de refaire et de fermer tout comme il est écrit { Tout pouvoir lui a été donné dans les cieux et sur la terre } ne l'oublier jamais ça , alors je t'invite maintenant de donner ta vie à christ jésus aujourd'hui et ne dit pas * jamais * j'ai encore le temps pour prendre la décision , bien-aimés n'ayez pas peur des difficultés continuez d'avancer avec le seigneur christ jésus comme mentor , ce qui est vrai . Un ami fidèle est un abri sûr ; quiconque rencontre un ami a trouvé le trésor , et l'ami c'est le christ jésus il est notre rempart solide qui nous permet d'oublier le passé et de regard que le présent , parfois aussi le courage peut nous manquer pour regarder le présent en face , mais le passé nous saisit et nous avons besoin d'une main solide qui nous tient , afin de nous en tire dans le filet de l'oiseleur , cette main c'est la main du seigneur jésus christ qui est tendu vers toi , cela n'arrive que si nous lui faisons confiance , et une fois que tu tiens cette main , ton passé est effacé , alors voici le beau cadeau que l'éternel t'offre aujourd'hui , mais les humains ne peut pas t'offrir cette possibilité ou ce cadeau , même le diable que tu suis , c'est la vie éternelle .

Sache-le que les douleurs du passé vont toujours finir , et les bontés de l'éternel prendra le dessus dans ta vie actuelle , et le saint esprit va te guider vers le futur féerique " Vous avez vu vous-mêmes ce que j'ai fait à l'egypte : je vous ai portés sur mes ailes d'aigles et fait venir vers moi "' l'aigle est l'image du saint esprit , qui est notre mentor " pareil à l'aigle qui éveil sa couvée , voltige sur ses pieds déploie ses ailes , les prend et les portés sur ses plumes . L'éternel seul, a conduit son peuple , il l'a fait mentor sur les hauteurs du pays

, et les israélites ont mangé les fruits des champs , il lui a fait sucer le miel et l'huile qui sort du rocher le plus dur : comme référence : Deutéronome 32 verset 13 : voilà ce que l'éternel fait pour notre vie , si nous lui accorder la possibilité , c'est de lui faire seulement confiance . Nous devons croire que notre passé est déjà mort sur la croix avec le christ jésus , comme il est écrit { Cette parole est certaine : si nous sommes mort avec lui , nous vivrons aussi avec lui } Méditent bien ce passage : Quand l'écriture nous dit ::: nous sommes morts ; quelle mort s'agit-il ou bien quelle partie qui meurt avec christ jésus sur la croix ; c'est notre passé qui est mort avec le seigneur de gloire le père céleste jésus christ . Voilà mes bien-aimés , mais les hommes mal informé qui falsifie les écritures, c'est-à-dire les serviteurs du diable , viennent vers toi pour un seul but , c'est de te transmettre l'esprit de la culpabilité et du doute en toi : ils te dirent que ton passé n'est pas encore effacé et Dieu n'a pas oublié ce que vous avez fait dans le passé , voilà pourquoi ta vie est si difficile , surtout quand du traverse le désert comme job , pour eux , tu es entrain de payer tes erreurs passés , c'est du mensonge pur mensonge de l'astra-brillant , ils sont là pour créer que la confusion dans l'esprit de ceux que le christ jésus a vraiment pardonné et effacer leur passé , car le seigneur jésus christ n'est pas un homme pour jouer avec nous , il est fidèle en lui-même , alors il faut sortir dans les milieux pareil ; car christ jésus est venue pour la liberté de l'homme et la restauration de son Âme voilà la raison pourquoi qu'il est descendu , pas pour blaguer avec nous , il faut éviter d'écouter des imposteurs , ils sont des messages sur la vie passé des gens , au lieu de préparer les chrétiens pour le royaume céleste , mais eux font le contraire , ils ferment les Âmes dans le passé , car la mission des hommes de Dieu est de ramener les Âmes au pieds de christ comme Naomi avait fait avec Ruth , elle a permit que la jeune fille Ruth soit au pieds de Boaz , lisant dans le livre de Ruth au chapitre 3 du verset 1-4 . En réalité nous sommes maintenant un peuple qui a sa demeure à part , et qui ne fait point partie des nations , c'est comme la jeune fille Ruth , entrent dans la ville de Bethléhem , normalement ce peuple devait l'accueillir avec plaisir parce que l'amour de Dieu était avec eux , alors il ne devait plus se souvenir du passé , malheureusement oui , car l'homme reste toujours l'homme , ils sont détesté leur propre soeur à cause de la Moabite parce qu'elle était maudite , mais cette jeune femme Ruth voyait la bonté Dieu et du reste de ce peuple à travers Naomi , mais je suis sur qu'elle était étonné de la réaction du peuple , Naomi a fait son travaille que le saint esprit fait actuellement dans nos vies , comme il est écrit { Car la loi n'a rien amené à la perfection ,,et introduction d'une espérance , par laquelle nous nous approchons de Dieu = Hébreux 7 verset 19 = } ce que l'esprit saint a fait , il nous amené au pieds du seigneur jésus christ et notre passé est effacé à l'immédiat , alors nous ne devons plus parler et pensés , une raison de plus vaincre , il faut effacer tout les moindres trace dans nos mémoire s'il vous plaît , car pensé encore du passé ou parler de ça , c'est comme si tu vis ton passé , or ici c'est quoi d'oubli passé point trait voilà , souvenons-nous bien de laban le beau-père '' Poursuite de Laban '' de Jacob dans le livre de Genèse au chapitre 31 à partir du verset 22 -24 . En regardant bien l'éternel dit à laban ''Garde-toi de parler à jacob ni en bien ni en mal '' le Dieu que nous servons est vrai bon , il faut pas quand parle du passé et même du présent , car cela n'a pas d'utilité et ne va pas édifié son peuple ; donc nous sommes appelés à parler que du seigneur jésus christ et non la vie des nos frères et soeurs à leur insu , c'est pour éviter la malédiction au sein de ta propre vie et de l'assemblée si tu es dirigeant : à cela je t'invite de dire dans le livre de psaumes 100 du verset 5 écoute bien ce que déclare l'éternel à ses propos { Celui qui calomnie en secret son prochain , je l'anéantirai ; Celui qui a des regards hautains et un coeur enflé , je ne le supporterai pas } ne l'oubli pas que Dieu est fidèle à sa parole qui est sorti de sa propre bouche et il tient bien et il veille jusqu'à l'accomplissement { Et l'éternel me dit : Tu as bien vu ; car je veille sur ma parole , pour l'exécuter } Là Dieu est claire , alors nous devons faire attention et tourné la langue sept fois avant de dire quoi qu'il soit sur la vie de l'autre , même si ce qu'il a fait est mal ou bien , parce que nous serons responsable de ce qui va arrivé à la suite selon les écritures ? Surtout si ce n'est pas l'éternel qui te donne l'ordre de exposé la vie de ton frère et soeur dans la communauté , alors gare à toi . car nous les humains nous savons l'habitude de dire ce qu'on a vue et entendu , voilà la vraie nature de l'homme et on trouve du plaisir à ça .

Quand le passé est mort en christ jésus ne peut plus permettre au passé de surgit encore , aussi longtemps que nous savons confié notre vie en lui , alors le passé n'a plus de place dans ma mémoire et ni l'influence dans ma vie , tous ceux qui vivent dans le passé et non pas la possibilité d'avancer dans l'avenir avec le seigneur jésus christ et ne veulent suivre le chemin que jésus a inauguré par son propre sang ** l'accès que jésus a inauguré pour nous comme un chemin nouveau et vivant au travers du sang , donc le seigneur place un chemin , autrement dit ; il change tout les pages qui contient nos passé , l'ancien page a vieilli , donc il faut le renouveler y a que lui qui à ce pouvoir de le faire , une fois que tu donne ta vie , d'abord son sang va jouer un rôle très important dans nos vies ? C'est pour blanchir de nos vies passé , qui était noir comme cramoisi et le rend blanc comm la neige à c'est propre yeux , pas aux yeux des êtres humains , parce que l'homme regarde toujours le passé et non le présent , alors voilà pourquoi le seigneur jésus christ dit de garder que sa parole et le médite chaque jour pendant que tu vis , il dit aussi * toute écritures est inspirée de Dieu et utile pour enseigner , pour convaincre , pour redresser , pour éduquer dans la justice , afin que l'homme de Dieu soit adapté et propre à toute bonne oeuvre = 2 Timothée 3 verset 16 .

Nous sommes le premier à obtenir la miséricorde , afin que jésus christ voit en nous le premier de toute sa longanimité , pour que nous le servons d'exemple à ceux qui veulent croire en lui pour la vie éternelle , et de confier nos passés dans hésiter , quand les autres regarder ce que le seigneur a fait ; lisant dans le livre de Psaumes 66 verset 16 == je raconterai ce qu'il a fait à mon Âme .

En nous , alors nous deviendrons un instrument pour la gloire de notre père céleste jésus christ , afin d'attirer les autres à lui , il est merveilleux d'être enrôlé par lui , car nous sommes les circoncis par la foi et les vrais circoncis ; c'est nous maintenant , parce qu'il nous a blanchi , nous rendrons gloire à l'éternel et un culte par l'esprit à travers le christ jésus et nous mettons point notre confiance à la chair ; car notre passé y a eu des imparfait aux yeux de l'éternel , maintenant le seigneur jésus christ ouvre nos yeux et notre esprits , alors des choses sont devenue une perte temps à cause de l'excellence de la connaissance de jésus christ notre père céleste , pour lequel nous renonçons à tout , et nous les regardons comme moins de rien .

Ce qui est vrai parfois le courage nous manque pour regarder le présent en face de nos , mais le passé nous saisit et nous savons besoin de quelqu'un qui nous donne sa main , afin que nous sortons de l'impasse du passé , qui nous poisonné la vie , et cette personne c'est de notre père céleste jésus christ . Qui va combler le trou et le vide créé le passé et restaure notre vie tout entier d'abord Âme et notre corps physique , il me la joie et la paix à la place des soucis et de la haine , voilà ce que le père céleste fait dans la vie de ceux qui le fait confiance et qui le confier leur vie passé , tout ce bonheur peut arriver si nous l'invitons et être sincère de notre repentance , et ton passé sera comme un train que tu es descendu et oublier même la datte que tu avais pris ce train . Voici ton cadeau arriver et le bonheur est devant ton nez , que les humains ne peut pas t'offrir ;

c'est la vie de gloire en gloire et de victoire en victoire devant toutes les formes des circonstances qui va maintenant surgit dans ta vie actuelle que tu as choisi , je sais que parfois la peur peut se présenter , mais l'homme brave n'est pas celui qui n'a pas peur , en réalité ; c'est celui qui à apprendre à faire confiance à l'eternel , et Dieu lui donne la force de surmonter la peur , afin que notre présent soit toujours agréable .
Si tu as l'impression que tu ne peux plus faire un geste de courage , pour avancer , alors reste seulement où tu es ; en ce moment la manne va descendre pour toi , comme les enfants d'Israël dans le désert , quand la rosée descendait la nuit sur le camp , la manne y descendait aussi selon les écritures { Nombres 11 verset 9 } C'est pareil que Jacob on partons chez ces parents et arrivée à un endroit dans le désertique , il ne savait pas que l'éternel est dans l'endroit pareil [Genèse 28] alors nous devons toujours garder la confiance et l'assurance que le seigneur est est toujours à notre côté , que le monde veulent ou pas , notre visage doit être immergé par la gloire du christ ce qui est vrai notre présent est la somme de toutes notre vie en christ jésus , plus nous en apprenons sur sa parole , et nous comprenons et contrôlons les impacts en nous , et la façon de vivre maintenant . Ainsi que les liens que nous entrainer avec les autres , à mesure que nous prenons le contrôle de notre vie sous la présence du saint esprit , nous devons de plus en plus libre , lorsque le plaisir de vivre notre présent dans la présence du seigneur Dieu , nous pouvons appuies sur sa parole seulement qui le solide fondement , il nous communique sa connaissance et sa sagesse acquise dans celle-ci pour enrichir ma vie actuelle et futur .
Alors si nous prenons connaissance de regarder notre passé , il y a toujours une partie de sombre , exemple l'échec ou bien autodestructeurs se développe en nous intérieurement et installe l'incertitude en nous malgré l'attitude de joie au yeux du monde , mais Dieu qui nous connaît mieux et voit le manque de paix et de joie intérieurement n'est pas à sa place , mais il voit l'engrenage se mettre et nous amène à la voie du solitude et nous enferme dans un cercle d'Isolement et dans l'ombre des ténèbres pèse sur notre présent . Je veux illustre ça { Un jeune garçon avait beaucoup d'ambitions dans sa vie , alors un jour il trace un objectif qu'il devait atteindre , il commença à se concentrer sur l'objectif fixé et il semble travaille sur tous les points , mais il n'arrivait pas d'atteindre et à chaque fois , il sabotait ses efforts de son travaille intentionnellement , tout ça parce qu'il croyait encore à l'échec qu'il avait eu dans son passé } il ne faut pas laisser le passé venir saccage ta vie et toute

les possibilités que l'éternel t'offrir au jour d'aujourd'hui . Quand tu vas prendre une bonne décision c'est la bonne attitude et prouve la confiance que tu as dans le seigneur jésus-christ , alors laisse moi te dire fièrement : Que cela finira de porter ces fruits en Dieu , ça paie toujours . Voilà ce que la parole de notre seigneur jésus-christ produit dans nos vies réellement , et surtout pour ceux qui marche sur ces traces ; alors l'ennemi pour te maintenir sur sous l'emprise , il va te hypnotise et fait croire que ton présent est le reflet de ton passé , aussi longtemps que le christ t'assure que tu as maintenant une nouvelle vie { Voici toutes choses deviennent nouvelle } . Accroche toi à la promesse faite par ton sauveur et seigneur jésus-christ la seule personne qui à la parole efficace et fiable , il sait tout , et il multiplie ses faveurs dans vos vies .
Ii ne faut pas faire comme la femme de loth qui avait regretter son passé , en regardant derrière elle un signe de désobéissance vis-à-vis de notre père céleste jésus-christ , et le désobéissance est la semence de l'ennemi , cette femme à laisser la régression gérer sa vie que le seigneur lui offre , c'était de quitter la ville de la malédiction pour aller dans une ville béni , mais elle a prit sa décision et cette décision était mauvaise " Genèse 19 == Luc 17 verset 32 " . Au lieu de regarder devant , elle a préféré régressif et nous connaissons la suite de ce qu'elle était devenue { une statuette de sel } , je crois qu'elle avait peur de l'avenir et elle voyait pas comment vivre une nouvelle vie dans la montagne de tsoar . N'avez-vous jamais eu peur contre les sentiments de frustration qui ne semblaient pas avoir de source dans notre vie actuelle ! Cela vous-t-il déjà arrivée de mettre beaucoup d'énergie à construire une nouvelle vie sans succès ! Vous a-t-on donné une foule de conseil qui n'avaient aucun lien avec votre situation ! Vous arrive-t-il de sentir que , malgré tous vos efforts , tout semble fonctionner de travers . Alors pourquoi tout ça , c'est parce que tu retourne encore sur les traces du passé et , tu as mit christ dehors de ta vie , et dis moi au moins comment veux-tu construire bien ta vie en paix , il faut que tu sache une chose , sans christ-jésus , tu ne peux pas construire ton présent et surtout ton futur , tu ne trouveras pas la bonne route , si l'esprit ne te conduis pas , car la est très important d'avoir le saint esprit comme guide , afin tes pieds soit sur la bonne voie et retrouve la porte qu'il faut .
Souvenons-nous que christ est le chemin , la porte , la vie , alors voilà pourquoi c'est très nécessaire de marché sur la route et non sur le bord de la route , comme l'aveugle qui était au bord [Marc 10 verset 46] La majorité des chrétiens d'aujourd'hui marche

maintenant sur les bords du chemin sous l'hypnose des faux dirigeant des églises , qui travaille que sur leur propre ventre , et il ne prenne pas soin des brebis ; alors christ nous recommande de prendre bien soin des brebis c'est dans l'évangile de Jean au chapitre 21 du verset 10 jusqu'au verset 27 : il a répété ça plus de trois fois [1- pais mes brebis -2 pais mes brebis -3 pais mes brebis] nous devons bien paître les brebis que le seigneur jésus christ nous a confié ; mais aujourd'hui c,est le contraire , maintenant c'est les brebis qui prend soin des bergers , bon reste sur le chemin { Matthieu 20 verset 29- 30-31-32-33-34 } cela nous montre que le bord du chemin représente le passé de l'homme , alors le verset 34 nous dit ceci "émus de compassion , jésus toucha leurs yeux ; et aussitôt ils recouvrèrent la vue , et le suivirent " ils rentrent dans leur présent , donc les deux aveugles quittons le passé et marchons vers le présent , ne laissez pas l'ombre du passé te guide , alors avancer vers les perspectives de l'avenir . Nous serons tous perdants et aussi longtemps que nous vivons toujours dans vies passé , nous devons connaître que les richesses matériels et les pouvoirs pour lesquels nous concentrons tous nos efforts aujourd'hui ne vaut rien dans la promesse que l'éternel nous a réservé , alors nous devons appliquer à devenir un vrai instrument de jésus christ par la vie actuelle , et la découverte de la nouvelle route en jésus christ qui nous comble le vide du passé , à créer au-dessus de nous ; ce vide est maintenant comblé par la grâce infinie de notre père céleste jésus christ qui a versé son propre sur la croix du calvaire , y a de quoi lui dire à haute voix [MERCI JESU-CHRIST] C'est lui que nous avons besoin dans nos vies , pour oublier notre passé , le saint esprit qui est notre mentor , nous oriente nos pensées vers le christ-jésus , comme Ruth au pieds de Boaz qui a été guidé par Naomi la femme d'Elimelec { Ruth 1 } ce qui est vrai , c'est que le passé affecté toujours le présent , quand nous pensons à lui { notre passé } comme il est écrit dans le livre du prophète Ezéchiel au chapitre 21 du verset 29 { C'est pourquoi , ainsi parle le Seigneur Dieu , puisque vous réveillé le souvenir de votre crime { votre passé } , en dévoilant vos fautes , en montrant à nu vos péchés dans toutes vos actions , puisqu'il est mention de vous , vous serez capturés par la main } Et voilà comme ça frein la possibilité d'avancer vers la gloire et vivre une vie joyeuse et joie et de paix en soi , quand christ n'est pas au centre de ta vie , tu ressembles à un portefeuille sans argent , et qui n'a plus sa valeur pour attirer les regards même de ceux qui sont lointain , quand le christ prend le contrôle de ta vie , là tu as de la valeur plus qu'un diamant et un trésor quel que le soit où tu te trouve

, y a des choses bonnes sortons chez toi et édifiant , tu deviens un bien précieux que l'on puisse obtenir , c'est le travaille que christ fait en nous , si nous le faisons encore confiance de lui confier nos vis sans hésitations , le christ va nous montres nos erreurs passé , afin que nous tirons des leçons de la situation et nous serons bénéfique pour les autres , afin d'éviter de commettre les mêmes erreurs , pour maintenir la victoire définitive dans vies et de contrôle la situation actuelle qui peut se présenter maintenant et nous pourrons résister , il faut s'assurer de ne pas laisser contrôle par les événements passés .

En utilisant le présent seulement comme outil , nous pouvons déterminer si nous avons fait le meilleur choix à suivre que le christ jésus , si au contraire dans le désir d'expier les actions passés , nous choisissons de mettre notre confiance au saint esprit , parce que christ lui a confié son église voilà pourquoi aussi nous devons faire confiance à l'esprit saint ; un jour jésus christ avant d'y aller vers le père céleste il a dit : Maintenant je m'en vais vers celui qui m'a envoyé , et nul de vous ne me demande : où vas-tu ? Mais parce que je vous ai parlé ainsi , la tristesse a rempli votre coeur . Cependant je vous dis la vérité : il est avantageux pour vous que je parte , car si je m'en vais , je vous l'enverrai ; au verset 13 { Quand il sera venu , lui l'esprit de vérité , il vous conduira dans toute la vérité ; car ses paroles ne viendra pas de lui-même , mais il parlera de tout ce qu'il aura entendu et vous annoncera les choses à venir } voilà encore une raison à laquelle le saint esprit est indispensable dans vos vies . Il a la capacité même de l'éternel , il efface tout dans sa présence , quand l'être humain invite le seigneur de gloire jésus-christ la première des choses qu'il fait c'est de changer d'abord ton vêtements qui est sale aux yeux des hommes , même à ses propres yeux , la parole dit bien les choses { Celui-ci prenant la parole , dit à ceux qui étaient devant lui : Otez-lui les vêtements sales ! Puis il lui dit : vois , je t'enlève ta faute pour te revêtir d'habits précieux)== Zacharie 3 verset 4 } C'est Dieu lui-même qui t'invite et te change des vêtements , c'est-à-dire ta vie passé ou anciennes que les hommes connaissaient n'existe plus au yeux de celui qui a le dernier mot sur ta vie d'ici-bas , les hommes sont trop fort pour parler des choses passés , mais une chose curieux , il ne parle jamais avec conviction et détermination le bienfait de l'éternel dans ta vie , surtout quand il s'agit de justification d'un mal que vous avez commis auparavant , car la mémoire de l'homme est très efficaces pour conservé que la partie sombre du passé de l'autre , voilà la nature réelle de l'homme , il n'est pas étonnant quand l'astre-brillant arriver

utiliser nos proche pour déstabiliser , parce que nous mêmes , nous lui donnant cette possibilité pour culpabilise nos frères et soeurs .
Car l'astre brillant trouve ses armées dans nous pour à faiblir et d'emprisonner nos bien-aimés et le but de cette prison , c'est d'en poisonné notre la foi tu as , voilà l'un des moyens que l'ennemi utilise pour enlever juste l'assurance en christ et l'attitude d'obéir qu'à christ jésus , voilà sa raison qui lui permet d'être en conflit avec toi , il passe par les proches et réveiller leur mémoire et leur excité de parler du récit des événements passés .
Si ton temps passé est couvert d'opprobre , maintenant en christ jésus ton présent sera couvert de gloire en gloire ; il faut que tu t'accroche seulement malgré tout ce que les autres peut dire ou même calomnie , sache-le au moins dans le livre Psaumes 100 du verset 5 [Quiconque , dans l'ombre , calomnie son prochain , je l'anéantirai . Des yeux hautains et un coeur enflé d'orgueil. Je ne puis les supporter] il faut que tu sache une vérité l'ennemi ne peut pas te lâcher si simple comme ça mon bien-aimés , il va revenir , mais le seigneur jésus christ te revêtu de sa puissance et d'autorité , afin que tu sois vainqueur .
Alors le bâton que l'ennemi frappait ta vie et l'accusation qui pesait sur toi , maintenant le seigneur à qui tu as placé ta confiance va briser cela .
Il enlève tout ce qui est l'ombre d'opprobre sur ton passé , pour te revêtir de gloire , regarder le jeune Joseph dans le pays d'Egypte , de la prison au premier ministre , car le roi pharaon la revêtu de gloire= Genèse 41 verset 14 [Pharaon fit appeler joseph . On le fit sortir en hâte de prison . Il se rasa , changea des vêtements , et se rendit vers Pharaon] de la prison à la liberté , et joseph oublia son passé , tout souffrance qu'il avait vécu , voilà pourquoi il avait donné le nom Manassé qui signifie l'oubli , alors joseph donna un premier-né le nom Manassé , car dit-il Dieu m'a fait oublier toutes mes peines et de la maison de mon père au verset 51 de la Genèse 41 .
Nous prenons le cas du David dans le livre de Psaumes 78 verset 72 [Et lui , David , fut leur pasteur selon l'intégrité de son coeur , et les dirigea d'une main habile] que signifie avec les mains habiles et avec un coeur intègre ; cela veut dire : l'éternel selon sa souveraineté il a oublié ce que David avait commis comme erreurs , nous voyons aussi qu'il ne ment pas dans sa parole , ce qu'il dit c'est ce qu'il fait , il a fait dans la vie , il a effacé toute les tracés que David avait commis et même son crime , il fait grâce , alors aujourd'hui pourquoi le diable vient pour reveille ton passé , les effets passé est passer .

Maintenant c'est le présent qui compte aux yeux de l'éternel ton Dieu , il ne faut pas se laisser dominer par les mensongers .
Car ce que Dieu a effacé sa devient un mensonge dans la bouche de l'ennemi , alors il ne faut plus accepter même si , or la parole nous demande de parler de nous-mêmes afin que nous soyons justifié , écoute Dieu te pose qu'une question '' Qui justifie le coupable pour un présent et retirer au juste son droit à la justice ''== Esaie 5 verset 23== comme de l'eau fraîche pour une personne fatigué , ainsi est une bonne nouvelle venant d'une terre lointaine ; sache-le que l'ennemi forme les projets plein de ruse contre ceux que l'éternel a choisi dans sa bonté , alors l'ennemi dit ; venez , disent-ils , faisons-les disparaître dans la présence de leur Dieu , et que leur Dieu ne se souvient plus d'eux =de Psaumes 83 verset 3-4-5-6-19 . Voilà le but de l'adversaire c'est pour ennuyer notre relation avec le père céleste , alors il est impératif d'être prudent dans nos vies maintenant ; car en réalité , l'adversaire cherche par tous les moyens de nous empêcher d'entrer dans la grande porte qui est le parvis , comme disait le roi David avait dit un jour { Mieux vaut un jour dans tes parvis , que mille ailleurs } donc le roi David avait compris l'intention de l'ennemi .
Ils font même des pactes "" Alliance "" d'un même coeur , ils tiennent conseil dans les ténèbres contre toi particulièrement , tout ça pour de te traite comme les autres qui ont pris la vie du chrétienne comme un jeu , ils sont devenu du fumier pour le sol , voilà les conséquences quant-on veut jouer avec le feu , c'est l'ennemi qui nous jouons , mais pas avec Dieu qu'il faut jouer ; même s'il avait promis une protection , mais il faut être sincère du coeur , parce que notre Dieu s'attache à sa coutume = Psaumes 119 verset 132 { Tourne vers moi ta face , et aie pitié de moi , selon ta coutume à l'égard de ceux qui aiment ton nom } c'est ta nous d'observer sa parole au plus profond de nous-mêmes et de se disposer tout entier = 1 ROIS 8 verset 61 ; il est écrit : Que votre coeur soit tout entier à l'éternel , notre Dieu , comme il l'est aujourd'hui pour marcher selon ses prescriptions et pour observer ses commandements : Dans la présence de l'éternel même le gîte trouver une maison , alors il est heureux ceux qui habitent ta maison ! ils te loueront encore , à cause du bien que tu as réalisé dans nos vies , Oh mon Dieu tes bontés apaiser mon Âme quand elle se trouve dans les tourments et l'angoisse de ce monde .
Comment peut ont resté sous tes radars mon Dieu , c'est-à-dire de demeure dans ta présence , il faut oublier carrément le passé , prenant le cas de l'apôtre Paul , dans les épîtres aux philippiens au chapitre 3 du verset 13 { Frère , je ne pense pas l'avoir saisi , mais

je fais une chose , oubliant ce qui est en arrière et me penchant vers ce qui est devant , alors l'apôtre Paul avait compris pour déclenché la bénédiction dans sa propre vie , il avait vraiment appliqué la parole de l'éternel { Ne pensez plus aux événements passés , et ne considérez plus ce qui est ancien = Esaïe 43 verset 18 = il avait oublié tout , il a même dit { donnez nous une place dans votre coeur = 2 Corinthiens 7 verset 2 } l'apôtre paul est notre modèle pour obtenir la bénédiction céleste de la part de l'éternel , alors soyez comme paul , malgré ce qu'il a fait , mais oublions tout , afin que tu avances dans la voie du seigneur jésus-christ et maintenant tenir sa faveur dans vos vies , même après la mort , tu seras toujours auprès de lui .

TROISIÈME CHAPITRE ' L'ÉTAT D'IGNORANCE

Le passé de l'homme bon ou mauvais , brillant ou même obscur , mais quand l'homme donne sa vie à christ jésus , ce temps de polythéiste , Dieu appel ça l'état de l'ignorance , il dit bien au chapitre trois du verset dix-sept de l'acte des apôtres {Et maintenant , frère , je sais que vous avez agi par ignorance , ainsi que vos chefs } Dieu sans tenir compte du temps d'ignorance , annonce maintenant à tous les hommes , en tous lieux qu'ils aient à se repentir = Actes des apôtres 17 verset 30 .

Quand le chrétien commet une faute { péché } le saint esprit vient auprès de lui pour le consoler d'abord et de lui convaincre d'abandonner le péché , et si l'homme décide d'abandonner ce péché commis et prendre , alors se met en accord avec le saint esprit , et Dieu qui sonde les reins et le coeur , alors il considère ce moment d'ignorance , voilà . On réalité notre Dieu ne tient pas rigueur le temps d'une erreur commise parc qu'il sait l'état d'homme et son coeur , l'esprit d'homme est dans un sommeil profond de distraction provoqué par l'astre-brillant , Dieu envoie son esprit pour que l'homme se réveiller dans son sommeil , c'est ce que nous appelons { la prise de conscience et l'homme se culpabilise à ce moment , et revient en lui-même , et puis il demande à Dieu de lui pardonné à travers le christ jésus } c'est^pareil avec le roi à Cyrus , il avait écouté bien la parole'' c'est-à-dire la prophétie , alors pourquoi il s'est pas mis à l'exécution immédiatement , c'est parce que l'astre-brillant l'avait on dormis dans un sommeil de distraction qui est le plaisir d'être chef , et Dieu était obligé d'envoyer son esprit pour le réveille du sommeil ; comme il est écrit { Dans la première année de Cyrus , roi de perse , à l'époque où devait s'accomplir la parole de l'éternel , annoncée par Jérémie . L'éternel éveilla le bon vouloir de Cyrus , roi de perse et celui-ci fit proclamer , dans tout son royaume , par la voix '' des hérauts '' et aussi par des missives écrites , ce qui suit } voilà comment Dieu opère dans nos vies , il envoie son esprit , ce sommeil Dieu l'appelle un état d'ignorance .

Moi qui étais auparavant blasphémateur , un persécuteur , un homme violent , mais j'ai obtenu la miséricorde de Dieu , parce que j'agissais par ignorance dans l'incertitude , malgré il ravageait les hommes qui servaient le christ jésus et pénétrait dans les temps et tué tous ceux qui confessent jésus christ fils de Dieu vivant , et les autres jeté dans la prison , il croyait qu'il servait Dieu sous l'ordre des grands sacrificateurs du temple ; mais il était dans l'état d'ignorance , il a même prouvé la mort D'Etienne , il dit tout ce qu'il faisait était

dans l'ignorance et l'éternel n'a pas vraiment considère tout cela , mais il l'a choisi comme un instrument , ''voilà pourquoi un choix est toujours divin'' . Qui porte son quand même son nom comment jusqu'à présent , alors ton passé n'empêche pas le christ jésus de te choisir comme il a fait à l'apôtre Paul et d'autre disciples , malgré leur vie passé , Dieu ne nous regarde pas de la même manière que les humains , l'oeil de l'éternel voit ce que l'oeil de la chair ne peut pas voir , voir c'est de percevoir quelque chose , voilà là où y a la différence entre nous et Dieu , prenant le cas du prophète Elisée et son jeune serviteur dans le livre du 2 Rois au chapitre 6 du verset 17 ? Sur la montagne , lisant d'abord le texte { N'aie pas crainte , répliqua Elisée , car nos troupes sont plus nombreuses que les leurs .=} Maintenant le verset 17 qui suit { Il fit alors cette prière " L'éternel , daigne ouvrir les yeux de mon serviteur , afin qu'il voie ! L'éternel lui ayant ouvert les yeux , il aperçut la montagne couverte de chevaux et de chars de feu , tout autour d'Elisée } Quand nous restons à regarder notre passé , nous ne pouvons plus voir la gloire de l'éternel , car le passé empêche de voir et d'avancer , il nous rend aveugle , sourd , boiteux et muet , déstabilise notre orientation , agiter notre vie comme un papier qui s'agite en milieu du tourbillon , alors aujourd'hui Dieu nous envoie sa parole afin qu'aucun de nous ne reste dans l'ignorance qu'il est bien de regarder que le passé , c'est les tactique de l'ennemi pour nous empêcher d'avancer et nous faire croire que c'est normal , et il nous charge de l'iniquité et l'esprit de la méchanceté et la corruption pour abandonner l'éternel et l'oublier la vie éternelle , c'est-à-dire le paradis , le seul endroit où l'homme vit dans la paix et la tranquillité , et même méprisé le saint esprit . Ils se sont retirés en arrières ; quels châtiments nouveaux nous infligeant l'ennemi , mais quand nous multiplions les fautes , nos têtes entière devient malade et tout le coeur est souffrant .
De la plante au pieds rien est bon , ce ne sont que blessures des événements passés qui est toujours ouvertes et fait vivre la plaie , ni bandés , ni adoucies par l'huile , voilà comment les choses se présente quand nous persistant dans la voie d'ignorance que Dieu avait effacé tout , et surtout quand nous doutons ce que l'éternel a promis de faire , lui qui est le père de l'esprit , qui nous communique la vie , il est très important frére et soeur de sortir dans la zone de la régression ; lisant dans le livre du prophète Esaïe au chapitre 1 du verset 3 et 4 [Un boeuf connaît son possesseur ; un äne la crèche de son maître : Israël ne connaît rien , mon peuple n'a pas de discernement . Oh , nation pécheresse , peuple chargé d'iniquité , race de malfaiteurs , enfants dégénérés ! ils ont abandonné le

seigneur , outragé le saint d'Israël , reculé loin de lui } quand nous sommes liés à nos pensés et nous avons vraiment du mal à se débarrasser de l'ancienne vie , c'est-à-dire le passé , je vous invite de bien lire dans le livre du prophète Esaïe au chapitre 59 du verset 7 { Leurs pieds courent au mal , et ils ont hâte de verser les sang innocent , leurs pensées sont des pensées de crime , la destruction et la ruine marquent leur route } ils prennent des sentiers détournés , quiconque marche dessus ne connaît point la paix , sont toujours tourmente , c'est pourquoi l'arrêt de la délivrance est loin d'eux , et le salut ne leur atteint pas , vous attendez la lumière , et voici les ténèbres et vous marchez dans l'obscurité , voilà pourquoi l'homme tâtonne comme un aveugle le long de sa route empreinte , l'homme est vraiment hypnotisé dans son esprit , alors aujourd'hui l'éternel te dit , si tu tatonnes aujourd'hui , c'est parce que tu n'as pas oublié ta vie passé , et tu mets en doute ma parole et ma capacité de refaire et de tout changé en toi , voilà pourquoi ta souffrance persiste dans ta vie , mon fils si tu me fait confiance , maintenant même tu verras ta souffrance va se taire , quand l'homme avait rompu tout liée avec Dieu dans le jardin d'Eden et l'astre brillant arrive de semer le doute dans l'esprit de l'être humain , il parle toujours de la même manière , mais il change seulement la forme de sa question ; il dit [<u>est-ce que ton péché d'hier est vraiment pardonné</u>] bien-aimés , tu es israël spirituel , mais c'est en vertu de l'oeuvre de ce vrai serviteur qu'israël , le premier serviteur, le serviteur coupable d'hier , est ce que aujourd'hui il pourra être rétabli "" Ne crains point , lui dit l'Eternel , je t'ai racheté , tu es à moi '" ne crains point . Oh ! comme ces paroles résonnent délicieusement aux oreilles du chrétien après tant de doute , et d'infidélité et de jugement des autres , mais écoute ce que Dieu dit dans le livre d'Esaïe 41 verset 10 = Eh bien ne craint rien , car je suis avec toi , ne sois point affolé , car je suis ton Dieu . Je t'affirmes . Je t'assiste et te soutiens par ma droite , armée de justice ; et le verset 13 =Car moi , l'Eternel , ton Dieu , je soutiens ta droite et je te dis " Ne crains pas . je viens à ton secours , et le verset 14 = Ne crains rien , vermisseau de Jacob , faible reste d'israël ! C'est moi qui te prête secours , dit le seigneur , le saint d'israël est ton libérateur .

Alors la meilleur raison de ne pas craindre , c'est le prix qu'il a payé pour toi { Je t'ai appelé par ton nom } ne l'avait-il pas fait , à cause de toi , qu'il a donné le christ-jésus en rançon , pour ta liberté , il a versé son propre sang qui est le prix fixé par ton ravisseur , l'astre brillant , il fallait que quelqu'un meurt à ta place , mais cette personne en question ne doit pas avoir en lui l'impureté quasiment impossible , car Dieu a vu dans le ciel et sur la terre y 'avait personne qui pouvait répondre à ce critère là , donc Dieu a trouver mieux de former un corps humain pour descendre et parmis nous , afin de payer la rançon , et d'effacer ton passé , voilà une des raisons qu'il s'est faite chair ; lisant dans l'évangile de Jean au chapitre 1 du verset 13 et 14 { Non du sang , ni de la volonté de la chair , ni de la volonté de l'homme , mais de Dieu . Au verset 14 = Et la parole a été faite chair , et elle a habité parmi nous , pleine de grâce et de vérité ; et nous avons contemplé sa gloire , une gloire comme la gloire du fils unique venu du père } Ce qui est vrai dans le christ la passé s'arrête , il ne peut pas m'atteindre car le futur est programmé dans le présent . Si nous entrons dans le présent chargé des pensées liées au passé , nous programmons un avenir qui lui ressemblera . Mais , lorsque nous sommes dans le présent , libre de notre passé , nous libérons également notre futur .

Dieu ne voit que notre innocence , c'est quand nous acceptons le christ jésus , alors le seigneur nous présentes devant Dieu un homme innocent parce qu'il effacer tout notre vie passé , pour n'est plus soufrer de la culpabilité , il ne faut plus condamner une personne pour ce qu'elle a fait dans son passé , est le seul moyen de se libérer des conséquences de son actes , il faut accepter la vérité de Dieu , quand Dieu déclare que la personne est innocente , alors nous devons être concentré sur l'innocence d'une personne-là comme unique réalité .

Je rappelle à cette personne son innocence comme je me souviens de la mienne , savoir tourner le dos à une situation simplement et sans réagis à un impact beaucoup plus significatif que taper du pied en hurlant .

Je regarde à l'homme tout est vide , bourre d'ignorance et la vérité que j'avais placé dans leur pensées a été envahi par la régression aussi longtemps que je l'ai dit : de n'est plus pensés aux événements passés , mais ils sont accro de leur passé , alors comment vous pouvez dire au milieu des saints que Dieu est avec nous , ainsi parle l'éternel des armées comme un puit qui jaillir ses eaux , il fait jaillir de leur méchanceté , ils font du bruit en son sein que de violence et de ruine , sans cesse à mes regards s'offrent la douleur et la plaie de leur vie passé , alors reçoit l'instruction , mon fils , de peur que je ne m'éloigne de toi , que je ne fasse de toi un désert , un pays inhabité ! A qui m'adresser et qui prendre à témoin pour qu'on m'écoute au moins , voici leur oreille est incirconcis et ils sont incapables d'être attentif ; voici la parole de Dieu est pour eux une opprobre , ils n'y trouve aucun plaisir , ils ne savent pas agir avec droiture dit l'éternel ,

ils entassent dans leur palais les produits de la violence et de la rapine .
C'est pourquoi ainsi parle le seigneur , l'éternel : l'ennemi investira le pays et il détruira ta force , et tes palais seront pillés , ainsi parle l'éternel : comme le berger arrache de la gueule du loup deux jambes et l'oreille , ainsi se sauveront mes fils qui sont assis dans leur pensées qui est l'angle de souci de ce monde et sur les tapis d'échec , si Dieu anéanti les projets des nations , selon les écritures , alors il est aussi capable de faire pareillement à ta vie passé , qui est vraiment immérité de vivre en liberté spirituel , voici il efface ton passé et renouvelle ton présent sans inquiète , n'oublions pas que cela est écrit [Les bontés de l'éternel ne sont pas épuisés , ses compassions ne sont pas à leur terme ; ils se renouvelles chaque matin] Oh ! Que ta fidélité est grande ! il ajoute lui-même "" N'ajoute rien à ses paroles ! De peur qu'il ne te reprenne et que tu ne sois menteur == Proverbe 30 verset 6 . Si c'est Dieu qu'il te demande cela , il faut mettre ta foi , si tu veux que les choses change dans ta vie , prend ton passé et jette ça d'un WC comme papiers toilette , une vie sans ombre d'obscurité et éclairer comme un soleil , il est possible quand jésus christ est présent , ni personne , ni même un ange qui descendre du ciel te dira le contraire de ce que je viens te dire , car la parole confirme tout , christ jésus est venu pour enlever la cramoisi de ton passé ; pareil qu'il accomplit dans la vie d'une prostituée = Josué 2 = , voilà cette femme avait un passé médiocre , mais quand elle avait reçu les espions dans sa Maison ; ici la maison présente ta vie et les espions représente la parole de Dieu qui est le christ jésus venu dans le monde pour changer ta vie et effacé ton passé , et annuler la condamnation que satan avait déclaré pour toi .
Si tu peux faire comme cette femme de recevoir jésus christ dans ta vie , alors ton passé deviendra blanc comme la neige , et le sang de l'agneau garanti tout ce que tu vas possède , souvenons-nous de notre bien-aimés Job que le diable était obligé d'y aller demande la permission chez le créateur " Dieu " pour atteindre job ; mais notre bien-aimés " job"" il était ignorant que sa vie était protégé par Dieu lui-même .
Lisant cela dans le livre de Job au chapitre 1 du verset 1-5 , je prends juste le verset 5 { Et lorsque le cycle de ces jours de festin était révolu , job envoyait cherchait ses fils pour les purifier , il se levait de grand matin et offrait un holocauste pour chacun d'eux , car job se disait "peut-être " mes enfants auront-ils commis quelque péché et renié Dieu en leur coeur " C'est ainsi qu'agissait Job en tout temps } voilà le sang de l'agneau est le garant de notre salut , quand

Dieu te regarde dans le présent même le diable n'a plus d'accès dans sa vie , et il ne pouvait plus accusé , aujourd'hui je te dit qu'une chose , pour que ta vie soit brillante , tu devais placé ta foi dans le sang de jésus christ , comme il est écrit { C'est lui que Dieu a destinée comme moyen d'expiation pour ceux qui auraient la foi en son sang , afin de montrer sa justice , parce qu'il avait laissé impunis les péchés commis auparavant au temps de sa patience = Romains 3 verset 25 = .

Mon frère si Dieu t'a justifié , alors dit-moi qui peut encore te condamné après , regarde cordialement ce qui s'est passé dans la ville de Césarée ; un homme nommé Corneille , centenier dans la cohorte dit Italienne : la parole dit que cet homme était pieux et craignait Dieu , avec toute sa maison ; il faisait beaucoup d'aumônes au peuple , et priait Dieu continuellement ; alors il avait un serviteur de l'éternel appelé pierre dans la ville de joppé , et Dieu lui dit envoyé maintenant des hommes à Joppé , et fais venir Simon , surnommé pierre ; il est logé chez un certain Simon , correcteur , dans la maison est près de la mer : maintenant essaie de regarder la différence des choses , la manière que Dieu nous regarde et les hommes , en réalité l'homme est vraiment ignorant si Dieu ne lui ouvre pas les yeux spirituels , malgré qu'il est serviteur de l'éternel , prenant le cas de l'apôtre pierre , Dieu avant d'envoyer son serviteur chez un homme qui n'est pas d'origine juifs , il lui demande dans une vision ; pendant qu'on lui préparait à manger , il tomba en extase , il voit le ciel ouvert , et un objet semblable à une grande nappe attachée par les quatre coins , qui descendait et s'abaissant vers la terre , et où se trouvaient tous les quadrupèdes et les reptiles de la terre et les oiseaux , l'apôtre pierre a eu une discussion entre en lui et Dieu , dans le verset 14 { Mais pierre dit : non seigneur , car je n'ai jamais rien mangé de souillé } Je crois que l'apôtre pierre avait raison , car en lisant dans le livre de Deutéronome 14 au verset 7 { **Mais vous ne mangerez pas point les suivants , qui ruminent ou qui ont l'ongle fendu seulement le chameau , le lièvre , la gerboise " car ils ruminent mais n'ont pas l'ongle fendu ils seront impurs pour vous** } selon le texte cela ou l'apôtre pierre a basé son jugement vis-à-vis des autres peuples , comme Dieu connaissait le coeur de son serviteur , il lui fait comprendre que c'est lui qui décide de ce qui est impur et de ce qui pur à ses propres yeux , voilà la seule raison et même le sens de la vision .

Ici dans le texte j'aimerai montre comment Dieu nous voit , et l'homme reste toujours dans son opinion et sur son jugement des effets passé , mais Dieu est souverain , il fait ce qu'il lui semble bon

de son pouvoir , il n'attend pas notre point de vue pour accorder quelque chose à l'homme , donc si Dieu n'avait pas fait cette réflexion à son serviteur , je crois que l'apôtre pierre aura du mal à recevoir corneille , comme corneille n'était pas juifs , alors pierre lui considérait toujours un homme impur à ses propres yeux , voilà comme Dieu est , il est bon pour tout le monde , c'est de lui donner seulement ta vie comme corneille .
Alors nous devons retenir ceci , que Dieu ne tient pas compte d'ignorance , cette parole est appliqué sur la vie de ceux qui lui font confiance { Et nous regardions comme certain l'arrêt de mort , afin de ne placer notre en nous-mêmes , mais de la placer en Dieu , qui ressuscite des morts } .
Ainsi parle l'Eternel : Maudit soit l'homme qui se confie dans l'homme , qui prend la chair pour son appui , et qui détourne son coeur de l'éternel ! il est comme un misérable dans le désert , et il ne voit point arriver le bonheur ; et il habite les lieux brûlés du désert , une terre salée et sans habitant . Béni soit l'homme qui se confie dans l'éternel et dont l'éternel espérance de sa vie ! Si le seigneur l'éternel arrive à étancher la soif des animaux sauvages , il est aussi capable de prendre soin de ta vie , à une seule condition c'est de lui faire confiance , la confiance qu'il nous demande c'est de lui laisse tout ; un jour le roi David a dit quelque chose de bien , il dit que l'homme doit rendre grâce chaque jour , parce que le seigneur le prend soin de lui , quand Dieu décide de prendre soin , alors assure toi que ton passé est vraiment derrière son dos , s'il prend soin ,cela prouve qu'il veut que tu as avancé dans la voie que tu as choisi , regarde plus derrière toi , ou d'avoir des regrets sur la nouvelle route qui a été inauguré par le sang de l'agneau { Ainsi donc , frère , puisque nous avons , au moyen du sang de jésus , une libre entrée dans le sanctuaire par la route nouvelle et vivante qu'il a inauguré pour nous au travers du voilà , c'est-à-dire de sa chair et puisque nous avons un souverain sacrificateur établi sur la maison de Dieu : et ce souverain c'est le christ jésus ! ce qui est vrai , quand l'homme donne sa vie à christ jésus , alors les yeux des nations voit , et cherche toujours avoir quelque chose de nouveau qui peut arriver , souvenons-nous quand philippe rencontre Nathanaël , et lui dit : Nous avons trouvé celui de qui Moïse a écrit dans la loi et dont les prophètes ont parlé , jésus de Nazareth , fils de Joseph . Nathanaël lui dit : Peut-il venir de nazareth quelque chose de bon , il parle avec un temps mépris , et philippe lui répond : viens et vois .
Voilà la nature de l'homme c'est de sous-estimer les choses qui est bon , il cherche d'abord de voir ce que christ peut faire dans la vie de

son prochain , il sous-estime tout au départ ; bien-aimés ; il ne faut pas que tu te décourage , quand les autres vont te sous-estime , soit plus fort "e" et accroche toi sur la parole faite chair , car tu es sur la bonne route du salut , parce que le diable ne veule pas que tu sois sauvé ! Dieu transforme la vie de chacun de nous sous sa puissance créatrice , qui créa le monde et tout ce qui se trouve .. car ton passé semble à une chute , parce que le passé de l'homme à toujours des traces noirs ou des blessures , même des choses désagréables au yeux de l'éternel , c'est le point que l'ennemi s'appui pour t'accuser devant ,Dieu et ta propre conscience , autrement dit qu'il te culpabilise tout ça pour voler la tranquillité et ta paix .

Bien-aimés ne l'oubliez jamais ça , quand le diable vient pour t'accuser , il est écrit { Car il se tient à la droite du pauvre " faible " , pour le sauver aux mains de ceux qui le condamne = Psaumes 109 verset 31 , de ceux qui juge son Âme , dans le Psaumes 68 verset 7 = Dieu donne un foyer à ceux qui vivent solitaire ; il rend la liberté avec le bien-aimés aux prisonniers , mais les rebelles restent confinés dans la région arides / C'est pourquoi il est dit { Etant monté en haut , il a emmené des captifs , et il a fait des dons aux hommes , ro , que signifie ; il est monté , sinon qu'il est descendu dans les régions inférieur de la terre * tu es monté sur la hauteur , tu as emmené des captifs , tu as prélevé des dons parmi les humains , même rebelles , pour y faire ta demeure , l'Eternel Dieu } Que le nom de l'éternel soit loué chaque jour ? Il nous prend en charge , ce Dieu là est notre salut ; à l'éternel , le seigneur , il a des moyens de nous faire sortir de la prison , qui est notre passé , Dieu défoncera la tête de mes ennemis .

Aujourd'hui si tu oublis seulement ton passé , Dieu ordonne que tu sois puissant , à travers le seigneur jésus christ ton Âme devenir intouchable et ton corps sera le temple du saint esprit , il vient pour régner sur ta vie qui est l'église sainte , les délivrés vont t'apportent des présents qui sont leur joie du coeur , alors dispersé les peuples qui prennent plaisir de parler du passé de ton peuple , leur bouche est semblable aux loups qui vient dans la bergerie afin affaiblir la marche des élus ? Oh Dieu le redoutable .

C'est toi que l'homme s'est confié à toi son passé et tu l'a mis derrière ton dos , quelle grâce pour l'homme pécheur devient un gagneur d'Âme , merci le bon Dieu , notre Dieu est amour , c'est le seigneur Dieu qui donne au peuple la puissance et le pouvoir d'être fort et à résister devant les propositions de l'adversaire , car les présents qui vient de l'adversaire nous ramène que le chaos .

Regarde bien ce que le prophète Balaam fils de beor , un jour un roi balak envoya les messagers auprès de Balaam à pethor sur le fleuve , sa patrie , afin de l'appeler et de lui dire : voici un peuple qui sort d'Egypte , qui couvre la surface de la terre et qui habite vis-à-vis de moi , franchement le Moab savait que le prophète à le pouvoir de maudire et de bénir { viens , je te prie , maudis -moi ce peuple , car il est puissant que moi : peut-être ainsi pourrai-je battre et le chasserai-je du pays , car je sais que celui que tu bénis est béni , et celui qui tu maudis est maudit , dans le verset Sept au chapitre vingt - deux de Nombres et plus important dans ce texte , nous montre la faiblesse du coeur de l'homme ; car les yeux de l'homme est un facteur de la faiblesse ; alors ce que l'éternel dit à l'homme{ pourquoi as-tu pris ta volonté pour ma volonté [C'est pourquoi ainsi parle parle le Seigneur , l'éternel : parce que tu prends ta volonté pour la volonté de Dieu] revenons sur le sept de Nombres (Les anciens de Moab et les anciens de Madian s'en allèrent , en emportant des présents pour le prophète , ils arrivèrent auprès de Balaam , et lui apportèrent les paroles de balak) quand le prophète a vu les présents que le roi balak à envoyer pour lui , alors son coeur s'est élevé à cause des présents de l'ennemi ; voici encore l'un des pièces et l'emprisonnement que l'ennemi tant à chacun de nous , pour que nous devenons sa propre proie , il sait comment faire pour à faiblir le coeur de l'être humain soit en parole séductrice ou bien par des présents ; mais il utilise souvent la parole pour nous déstabiliser et nous faire croire que notre vie ne va pas changer, malgré notre confiance à l'éternel , il envoie toujours ses ministres pour nous parler que notre passé et surtout c'est de côté négatif , partie sombre , c'est pourquoi il est écrit { Mon fils , sois attentif à mes paroles , prête l'oreille à mes discours .

Qu'ils ne s'éloignent pas de tes yeux ; Garde-les au fond de ton coeur , car c'est la vie pour ceux qui les trouvent , c'est la santé pour tout leur corps , surtout le verset vingt-trois du proverbe Quatre ** Garde ton coeur plus que toute autre source , car de lui viennent les sources de la vie ** .

Écarté de la bouche la fausseté , éloigne de tes lèvres les détours , que tes yeux regardent en face , et que tes paupières se dirigent devant Dieu et considère le chemin par où tu passes , et que toutes voies soient bien réglées ; n'incline ni à droite ni à gauche , et détourne ton pied du mal .

Voilà comment le prophète a été pris en otage , alors Dieu vient lui rendre visite la nuit , pendant la nuit Dieu vient chez lui , là où le coeur de l'homme est incliné ou attaché , alors Dieu qui sait tout et qui voit tout , lui pose la question au verset Neuf { Dieu vient vers balaam et dit : Qui sont les hommes '' que tu as chez toi '' Alors le prophète répond à l'éternel Dieu ; ça c'est la prière faite avec ruse == Psaumes 17 verset 1 [Eternel ! écoute la droiture , sois attentif à mes cris , prête l'oreille à ma prière faite avec des lèvres sans tromperie] Balaam , fils de tsippor , roi de Moab , les a envoyés pour dire ''' verset 11 jusqu'au verset 22 ! Nous voyons bien que le prophète a fixé ses yeux sur les présents et son coeur s'est incliné contre l'ordre de l'éternel ,car l'éternel le savait où était maintenant la volonté de son serviteur , il lui dit d'y aller avec les anciens de Moab , mais il *prophète * avait même perdu le sens de discernement pour comprendre pourquoi Dieu avait changé l'avis , voilà les conséquences qui arrive quand le coeur est attaché au bien matériel et qui pense toujours à sa vie passé .

ECCLÉSIASTE 7 verset 29

Seulement voici que j'ai trouvé : c'est que Dieu a fait les hommes pour être droits ce sont eux qui ont recours à toutes sortes de roueries : sur cent pour cent ce qui arrive dans la vie de l'homme , l'homme est responsable , mais il n'admet pas sa responsabilité vis-à-vis de Dieu , il se justifie toujours , il est toujours innocent , mais l'oeil de l'éternel voit au plus profond des ténèbres même le diable ne voit pas comme Dieu voit , alors aucun l'être humain est innocent dans son malheur qu'il vit .
Quand l'éternel nous parle où nous prévient , le diable sait et il est conscient de ce que l'éternel nous demande de faire et de n'est pas faire , mais il nous pousse à faire le contraire = Psaumes 118 verset 13 = de ce qu'il nous est demandé , il vient avec le désir de t'éloigner dans la présence de l'éternel et la couverture du sang de l'agneau sur ta vie et tes projets , surtout les activités qui te permet d'équilibrer ta vie sur la terre .
Il te pousse d'abord avoir la peur et l'incertitude de l'avenir , alors il te permet de comparer ton passé à l'avenir , il te fait croire que l'échec passé va encore se présente , voilà comment il travaille dans la conscience de l'homme , toutes les actions des hommes sont devant Dieu en pleine lumière même dans les ténèbres ; il a constamment les yeux sur leur conduite , et leur injustice ne lui échappe plus , tous leurs péchés sont à découvert devant l'éternel , mais le seigneur est bon et connaît ses créatures , loin de les abandonner ou de les perdres , il est épargnés ** l'aumône d'un homme marqué d'un sceau du sang de christ Jésus qui permet à Dieu de veiller sur sa vie actuelle , afin que l'ennemi ne trouve plus l'occasion de t'accuser et ta vie passé ne remonte pas à la surface .
Voilà la possibilité de détruire ton passé , c'est de se repentir , et se détourner de la mauvaise vie , être confié qu'au seigneur Jésus Christ , et renoncé à tes choix , mets toi devant lui , et diminuer les occasions de chute .
Revient vers le très-haut et détourne toi de parler que du passé * je t'invite à lire dans le livre ECCLÉSIASTE 7 verset 30 == Esaïe 43 verset 26 ! À certains moments de notre vie , notre grand défis , c'est le choix , refuser de prendre la responsabilité de nos actes cela peut vraiment coûté très cher ; ça peut nous amène à perdre le vrai bonheur que l'éternel nous accorder , mes frères et sœurs , ce qui

est vrai , nous avons vraiment la grâce : car nos erreurs rencontrent toujours la miséricorde de Dieu .
Dieu voudrait nous voir faire preuve de miséricorde envers nous-mêmes et envers les autres , comment il fait preuve de miséricorde envers nous .
S'attaquer soi-même est aussi blasphématoire qu'attaquer autre personne , après avoir commis une erreur , le remords est une réaction tout à fait normal , mais cela ne signifie pas que nous devons nous repaître de culpabilité et d'auto condamnation .
Dieu ne nous demande pas de nous punir nous-mêmes , mais de nous repentir et de nous élever .
Car le repentir est la correction de nos pensées , c'est de prendre sa responsabilité devant Dieu , qui est le cadeau de la liberté en soi , voilà le grand cadeau que l'éternel nos offres , le principe de repentir est comme réinitialisation de l'amour auquel nous nous libérons des conséquences négatif d'une mauvaise actions .
Dès que nous nous repentons pour une erreur de conséquences ne plus influencé nos vies grâce au sang de l'agneau de notre père céleste Jésus Christ .
Aux yeux de Dieu , nos déviations de l'amour ne sont pas un péché pour lequel nous devons être punis , mais des erreurs qui doivent être corrigées .
Nous sommes blanchi comme la neige de tous nos péchés en comprenant qu'ils n'étaient que les erreurs .
On faisant cette prière sincères au fond de moi-même ! Cher Dieu , je sais que j'ai mal agis , je remets cette situations entre tes ✋ mains et regarde avec lucidité ce que j'ai fait , ou ce que je n'ai pas fait , cet instant où j'ai dévié le bon chemin .
J'ai pris une mauvaise route , je prends maintenant une décision différentes , mon Dieu s'il te plaît , rectifié mon chemin , délivre-moi de mes culpabilité , et fait de moi une personne meilleure .
Puis-je être dévoué à agir dans le bon sens , délivre les autres des conséquences de chacune de mes erreurs passé , et , s'il te plaît , fais moi vivre ta bonté de ton amour infini en Christ Jésus , amen .
Alors retournons nous au prophète balaam ; Dieu lui rendre visite la nuit , pendant la nuit Dieu vient chez lui , car Dieu voit le côté où est notre coeur s'incline , parce que l'homme se trompe lui-même , car , y a rien dans ce monde qui garantie nos vies , parce que le matériel n'est qu'un élément qui nous amené dans le vide .
Or , le prophète s'est jetter dans le vide envoyons sans y rendre compte , la visite c'était lui aide , ou lui tendre la main pour secourire , mais le prophète avait déjà fait son choix dans son coeur et il s'était

attaché , même ses yeux était fermé et le discernement l'avait lâché , alors il est devenu d'abord aveugle et sourd , il ne pouvait plus comprendre saisir la compréhension de la visite de l'éternel pendant la nuit , alors Dieu sait tout et qui voit tout , lui pose , la question au verset 9 " Dieu vient vers balaam et dit : Qui sont ces gens "" Que tu as chez toi ; Alors le prophète répond à l'éternel Dieu : roi de Moab , les a envoyé pour me dire : de Maudis-le , souvent c'est la prière que nous faisons avec ruse dans le psaumes 17 verset 1 { L'éternel ! écoute la droiture , sois attentif à mes cris , prête l'oreille à ma prière avec des lèvres sans tromperies } Balak , fils de tsippor , Roi de Moab , les a envoyé pour me dire au verset 11 jusqu'au verset 22 ? Nous voyons bien que le prophète a fixé ses yeux sur les présents et son coeur s'est incliné , il lui dit ; d'y aller avec les anciens de Moab , en réalité il avait perdu le sens et la compréhension ; pourquoi Dieu avait changé l'avis .

Voilà les conséquences qui arrive quand le coeur est attaché au bien matériel et qui pense toujours à sa vie passé .

Aujourd'hui si les pécheurs veulent te séduire , n'accepte pas et n'y va pas avec eux , comme avait fait le prophète Balaam ! Car , il n'y a ténèbres ni ombre ou puissent caché ceux qui commettent l'iniquité " Dieu n'a pas besoin d'observer longtemps , pour qu'un homme entré en jugement avec lui "= Job 34 verset 23 ** Rouerie : une ruse secours à un moyen ou procédé destiné à tromper quelqu'un * Malhonnête ** S'ils disent : viens avec nous dressons des embûches et versons du sang , tendons sans cause des pièges à l'innocent , engloutissant-les tout vif , comme le séjour des morts , et tout entiers , comme ceux qui descendent dans la fosse .

Nous trouverons toute sorte des biens précieux , nous remplirons de butin nos maisons ; tu auras ta part avec nous , il n'y aura qu'une bourse pour nous tous ! Mon fils , ne te mets pas en chemin avec eux , détourne ton pieds de leur sentier ; car leurs pieds courent au mal , et ils ont hâte de répandre le sang .

Car c'est en vain qu'on jette le filet devant les yeux de tout ce qui a des ailes "" un oiseau aperçoit le filet et s'enfuit , comme le jeune homme instruit fuit les invitations des pécheurs ** Voilà comment l'ennemi fait pour que ton passé te rattrape , il vient sous la forme d'une proposition agréable et la récompense à la fin , alors il faut fuir et résiste à toute proposition qui est en dehors de notre père céleste jésus christ , c'est souvent quand tu es dans une position de faiblesse , tu dois savoir , eux , c'est contre leur propre sang qu'ils dressent des embûches , c'est à leur Âme qu'ils rendent des pièges .

Telles sont les voies de celui qui est avide d'un gain illicite , qui prend la vie de celui qui l'a possédé ** Avide : signifie '' qui a un désir immodéré de quelque chose = obsédé ** Donc l'ennemi vient pour obsédé ton esprit , autrement dit hypnotisé ton corps , esprit , l'Âme ; afin que tu ne démarque pas sa ruse , pour que tu tombe avec lui , et à la fin les gens diront comme d'habitude '' ton passé ta rattrapé '' voilà pourquoi il est très important d'avoir l'huile sur ta tête , qui est le saint esprit pour discerner les ruses de l'astre-brillant , comme il est écrit ** Qu'en tout temps tes vêtements soient blancs , et que l'huile ne manque point sur ta tête == Ecclésiaste 9 verset 8 ** l'homme est responsable de son choix ;; Ne dis pas c'est le seigneur qui m'a dévoyé .
Dévoyer : détourner du droit chemin , sans moralité "" car il ne fait pas ce qu'il honneur ** Ne dis jamais c'est lui qui m'a égaré , tout ce qu'il est abominable est détesté par le seigneur et ne peut être aimé de ceux qui le craignent .
C'est lui qui au commencement a créé l'homme et l'a laissé à son libre arbitre , si tu le veux , tu peux observer les commandements , il dépend que de ton choix de rester fidèle , le seigneur a mis devant nous l'eau et le feu ; étend sa main vers ceux qu'il désir sa grâce ; la vie et la mort sont proposées aux hommes , l'une à l'autre leurs est donné selon le choix , car la sagesse du seigneur est grande , fort et son pouvoir , il voit tout ses regards sont tournés vers ceux qui le craignent ; il connaît toutes les actions des hommes , ce qui est vrai l'éternel n'a commandé à personne d'être impie , il n'a donné à personne la permission de péché .
La gloire comme le déshonneur sont dans le choix de l'homme , le choix de l'homme l'entraîne à la ruine . Ne t'attache pas à ta vie passé , et surtout que ton passé soit une passion ou une raison , car tu te retrouveras comme un bois sec , une passion mauvaise perd celui qui l'a possède et fait de toi la risée de tes ennemis ; ce dont tout le monde se moque , si tu as un ami qui parle que du passé des autres , alors méfie-toi de lui , il est semblable à une femme qui n'est pas aimé par son époux .
Mets ta fierté dans le seigneur , car l'avancement de l'homme est dans la main du seigneur christ jésus , il fait reposer sa gloire sur ses épaules .
Quand Dieu a effacé ton passé , alors soit prudent dans ta joie de ta liberté , quand l'homme est heureux , ses ennemis sont dépités * Vexer * , quand tu es malheureux , même l'ami s'éloigne ; ne fait jamais confiance à ton ennemi , car sa méchanceté se cache comme

le bronze sous l'oxyde ; qui aura même pitié du charmeur , séducteur mordu par un serpent et de ceux qui font un rêve .
Alors l'autre criait de joie , et l'un poussait des cris de triomphe , on disait parmi les nations ; l'éternel a fait pour nous des grandes choses , nous sommes dans la joie , l'éternel ramène nos captifs comme des torrents dans le néguev . Ceux qui s'en va en pleurant quand il porte la semence à répandre s'en revient avec cris de triomphe , quand il porte des gerbes .

CONCLUSION

Heureux ceux qui sont délivré de leur vie passé par la grande puissance du très-haut , et qui marche maintenant dans sa crainte , et sincère sur le chemin qu'ils ont choisi , ils jouissent du travaille de leur mains , ils sont heureux , ils prospèrent , leurs femmes sont comme une vigne féconde dans l'intérieur de leur maison , leurs fils sont comme des plants d'olivier , autour de la table .
C'est ainsi qu'ils sont béni les hommes qui craignent l'éternel le tout-puissant * Dieu * vous bénira , et vous allez contemple le bonheur tous les jours de votre vie ; ils verront les fils de leurs fils , que la paix , la joie , la tranquillité inonder leur vie en christ jésus ,voilà leur héritage et à jamais .
Si aujourd'hui Dieu t'a gracieux , alors pourquoi tu marches avec l'esprit de culpabilité , soit heureux , toi à qui Dieu a fait grâce , car cette grâce est un ruban adhésif sur ta tête , et un collier pour ton cou , si ton présent est lié à ton passé , c'est parce que tu écoutes trop les gens de ce monde , qui ne peut rien faire pour changer , mais ils parlent beaucoup que sur ton passé , alors tu as l'impression que Dieu t'a oublié , et ton avenir est fichu , mais aujourd'hui l'éternel Dieu te rassure .
Pour être fort il faut prendre les accusations de l'adversaire comme un compliment , afin tu ne sombre pas dans la culpabilité . { Et les nations qui resteront autour de vous sauront que moi , l'éternel , j'ai rebâti ce qui était abattu , et planté ce qui est dévasté ; Moi l'éternel , j'ai parlé et agirai } Soyez bénis et rassure vous que je suis toujours tout prêt de vous et à l'oeuvre , moi le seigneur christ jésus .

pasteur Dublin franck itouad

FSC
www.fsc.org
MIX
Papier | Fördert
gute Waldnutzung
FSC® C083411

Kolibri 360 GmbH
Ferdinand-Jühlke-Straße 7
99095 Erfurt, Deutschland
produktsicherheit@kolibri360.de

Druck:
CPI Druckdienstleistungen GmbH
im Auftrag der
Kolibri 360 GmbH
Ferdinand-Jühlke-Str. 7
99095 Erfurt